Oscar Emilio Obando Martinez

Lo que creo que DIOS me dijo que te dijera

Oscar Emilio Obando Martinez

Lo que creo que DIOS me dijo que te dijera

Yo creo que DIOS me dijo que te lo dijera

CREDO EDICIONES

Imprint

Cover image: www.ingimage.com

Publisher:
CREDO EDICIONES
is a trademark of
Dodo Books Indian Ocean Ltd. and OmniScriptum S.R.L publishing group

120 High Road, East Finchley, London, N2 9ED, United Kingdom
Str. Armeneasca 28/1, office 1, Chisinau MD-2012, Republic of Moldova, Europe
Printed at: see last page
ISBN: 978-613-5-60100-8

TITULO DEL LIBRO:

LO QUE CREO QUE DIOS ME DIJO QUE TE DIJERA.

TEMA: CONFIEMOS SOLO EN DIOS

Cuando estamos pasando dificultades, problemas de cualquier índole que pasa con nosotros:

- Nos afligimos.
- Nos ponemos triste.
- Nos exaltamos.
- Nos aislamos.

Puede que a ti como a mí nos sucedan muchas más cosas que esas; y también puede ser que tratemos de arreglar los problemas a nuestra manera, hay veces sin consultar a nuestras parejas ni a nadie. Y en vez de salir de esa dificultad no hundimos más en ella.

Cometemos el error de hablar con un hermano, un amigo o hasta llegar hablar con un "hermano de la Iglesia" y le contamos nuestros problemas, nuestras dificultades. Pero que sucede en la mayoría de los casos a la persona que usted le cuenta su secreto ella comienza y se lo cuenta a una a otra y así sucesivamente, hasta que usted es el ojo de atracción de su comunidad de su trabajo DE SU IGLESIA.

Hay un versículo Bíblico que algunos hermanos dijeron que nos es aplicable en estos tiempos de la Gracia, pero ahora más que nunca yo creo que todo lo que trae la Escritura o Palabra de Dios es aplicable en todo tiempo.

Jeremías 17:5-10 NVI

Así dice el SEÑOR: «¡Maldito el hombre que confía en el hombre! ¡Maldito el que se apoya en su propia fuerza y aparta su corazón del SEÑOR! Será como una zarza en el desierto: no se dará cuenta cuando llegue el bien. Morará en la sequedad del desierto, en tierras de sal, donde nadie habita.» Bendito el hombre que confía en el SEÑOR y pone su confianza en él. Será como un árbol plantado junto al agua, que extiende sus raíces hacia la corriente; no teme que llegue el calor, y sus hojas están siempre verdes. En época de sequía no se angustia, y nunca deja de dar fruto». Nada hay tan engañoso como el corazón. No tiene remedio. ¿Quién puede comprenderlo? «Yo, el SEÑOR, sondeo el corazón y examino los pensamientos, para darle a cada uno según sus acciones y según el fruto de sus obras»

"Maldito el Hombre que confía en otro Hombre" esto no cambia sabe por qué; porque nosotros no hemos cambiado seguimos siendo los mismos mentirosos, chismosos, ínfeles, incrédulos.

Los mismos que hemos visto las maravillas que ha hecho Dios en nuestras vidas; que en vez de correr a él nos vamos al lado contrario.

En vez de sentarnos con Dios y decirles nuestros problemas, dificultades, nuestra tribulación. Nos vamos donde un amigo, un hermano a contarles creyendo que vamos a tocar el corazón de ese hermano y que ese hermano nos va resolver nuestro problema. Pero usted después se da cuenta que ese hermano lo que hizo fue lo contrario agrandar más su aflicción; porque el exagero a quien se lo conto en secreto se lo dijo de manera diferente.

Pero si usted se lo cuenta a Dios, él lo oirá y nadie más se dará cuenta y él lo consolará y lo mejor él le dará paz en su corazón.

No cometas el segundo Gran error de confiar que tú lo puedes resolver todo sin la ayuda de Dios "**¡Maldito el que se apoya en su propia fuerza y aparta su corazón del SEÑOR!**" entiéndelo sin Dios no somos nada, además él siempre ha sido fiel y lo seguirá haciendo. Que tu apoyo, que tu roca siempre sea el Señor (Dios)Jehová de los ejércitos. Grandes hombres de la Biblia como David fueron grandes cuando se apoyaron en Dios, pero cuando ellos actuaron por ellos mismo pecaron. El rey Saúl cuando él se apoyaba en Dios todo le salía bien, pero cuando él se apartó de Dios y busco la ayuda de hombres (Adivinos, hechiceros) su corte real y que paso el favor de Dios de aparto de él. Sin la ayuda de Dios nosotros no somos nada simples mortales que estamos destinados a fracasar.

El reya David por poco tiempo aparto su corazón de Jehová y tuvo consecuencia. El rey Saúl se apartó su corazón definitivamente de Dios y perdió todo hasta su alma.

Que tus ideas pensamientos puede ser que se aparten de lo que Dios piense; pero tu corazón siempre este pegado a Dios siempre este con él.

Si tu corazón se aparta de Dios te sucederán cosas como esta dice el señor:

Será como una zarza en el desierto: no se dará cuenta cuando llegue el bien. Morará en la sequedad del desierto, en tierras de sal, donde nadie habita.»

No te darás cuenta de nada, en pocas palabras siempre estarás solo. Dios te advierte no te apartes de el para que no te suceda lo que le paso al rey Saúl que hemos puesto de ejemplo que aparto de un solo su corazón de Jehová y lo perdió todo hasta su alma.

O como al rey David aparto por un momento su corazón de Dios, y perdió a sus hijos su reino; pero recapacito y volvió su corazón a Dios y no perdió su alma.

Que a mí ni a ti te sucedan ninguna de las dos cosas, mantén siempre tu corazón junto el de Jehová de los Ejércitos. Que solo él sea tu confidente.

Bendito el hombre que confía en el SEÑOR y pone su confianza en él. Será como un árbol plantado junto al agua, que extiende sus raíces hacia la corriente; no teme que llegue el calor, y sus hojas están siempre verdes. En época de sequía no se angustia, y nunca deja de dar fruto».

A mí me gusta cuando Dios te dice las cosas que obtendrás si le haces caso a su palabra, hoy te dice si tu corazón siempre es fiel a mi palabra, a mis estatutos, si eres un hombre que siempre me pones en primer lugar. El hombre que confía solo en mí no en hombre, que no importa lo que estés pasando, las dificultades que te estén agobiando.

Yo sé todo de ti, yo sé lo que estás pasando, lo triste que estas, yo se lo pensamientos que tienes, pero Dios hoy me dijo y te dice a ti, pero sé que tu corazón no se ha apartado de mí.

Por no apartar tu corazón de mí, hoy jehová nos dice:

- SOS bendito por que no siempre confiaste en mí.
- SOS un árbol plantado cerca de un río y tus raíces se extenderán y que no le temes a nada, siempre sestaras vigoroso.

- Serás el hombre que cualquier circunstancia que esté pasando, siempre le darás la gloria a Dios.
- Siempre tendrás fruto en cualquier época del año.

Nada hay tan engañoso como el corazón. No tiene remedio. ¿Quién puede comprenderlo? «Yo, el SEÑOR, sondeo el corazón y examino los pensamientos, para darle a cada uno según sus acciones y según el fruto de sus obras»

Dios nos conoce, él sabe todo, podrá un hombre carnal leer tu corazón, podrá un hombre carnal sondear, examinar los pensamientos de nuestro corazón.

Confía solo en el que conoce los pensamientos de tu corazón, en el que comprende tu corazón cuando hace algo no deberías hacerlo, Dios me conoce, Dios te conoce a Ti.

Confiemos solo en Dios

Amen

Oscar Obando.

Tema: Dios hoy me contesta a mí.

Salmo de David.

15 Jehová, ¿quién habitará en tu tabernáculo?
¿Quién morará en tu monte santo?

2 El que anda en integridad y hace justicia,
Y habla verdad en su corazón.

3 El que no calumnia con su lengua,
Ni hace mal a su prójimo,
Ni admite reproche alguno contra su vecino.

4 Aquel a cuyos ojos el vil es menospreciado,
Pero honra a los que temen a Jehová.
El que aun jurando en daño suyo, no por eso cambia;

5 Quien su dinero no dio a usura,
Ni contra el inocente admitió cohecho.
El que hace estas cosas, no resbalará jamás.

Dios les bendiga a todos en el nombre de Jesús.

Yo estaba leyendo los Salmos una y otra vez, pero hoy me encontré que hoy me atrapo un Salmo que me enseña muchas cosas, cosas sencillas en las yo creía que son difíciles de alcanzar o lograr.

David comienza este capítulo haciéndole dos grandes preguntas a Dios:

¿quién habitará en tu tabernáculo?

la palabra **nos enseña que es un santuario terrenal inspirado por Dios** y ordenado para su construcción a Moisés, según el diseño que le mostró en el monte Sinaí (Ex 25:40; 25:8-9). También era conocido como Tabernáculo de Reunión y el lugar donde la congregación de Israel llevaba sus ofrendas y sacrificios para presentarlos a Dios.

Pero el tabernáculo para mi es el lugar más cerca en donde yo estoy de Dios, por eso Dios dio las dimensiones y lo grande que debía ser eses tabernáculo, es lo más cerca que podía estar con él.

¿Quién morará en tu monte santo?

(Éxodo 3:1) «Apacentando Moisés las ovejas de Jetro su suegro, sacerdote de Madián, llevó las ovejas a través del desierto, y llegó hasta Horeb, monte de Dios». (Éxodo 4:27) «Y Jehová dijo a Aarón: Vé a recibir a Moisés al desierto. Y él fue, y lo encontró en el monte de Dios, y le besó». (Éxodo 18:5) «Y Jetro el suegro de Moisés, con los hijos y la mujer de éste, vino a Moisés en el desierto, donde estaba acampado junto al monte de Dios». (Éxodo 24:13).

El monte Santo es donde nosotros nos encontramos con Dios, el Monte Santo es un lugar donde no todos podemos ir sino los que Dios escoge.

Pero sabe hermano no me quiero detener ahí en esas preguntas sino en las respuestas que Dios le da a David; que son las que hacen que mi corazón sienta una alegría muy grande y positiva para mi vida.

Para que usted pueda habitar en el santuario de Dios y Morar en su santo nombre usted solo tiene que hacer esta simple cosas que Dios quiere que usted haga:

- El que anda en integridad y hace justicia,
  Y habla verdad en su corazón.

Usted tiene que conducirse como habla con rectitud de manera que se comporte de manera correcta y que esa manera de comportarse sea de acuerdo a lo que usted expresa es decir andar con integridad.
Además de comportarse de comportarte con integridad también tienes de ser una persona que reconozcas el valor de cada PERSONA lo que es, y como es; no es que esa persona tiene que ser a tu manera sino tener la capacidad de reconocer sus valores como persona como cristiano arrepentido, o como un cristiano no arrepentido; no solo fijarte en lo que él debe; sino también saber perdonarte lo que te debe. Obra con justicia.
Que de tu corazón solo salga la verdad, que no salga el resentimiento que te va hacer que tu no reconozcas la integridad y la justicia que merece tu hermano o cualquier otra persona.

- El que no calumnia con su lengua,
  Ni hace mal a su prójimo,
  Ni admite reproche alguno contra su vecino.

Sabes ahí el señor te dice deja de andar de chismoso, deja de andar poniendo por el suelo a tu hermano; dejemos de andar calumniando a nuestros hermanos con mentiras, con cuechos calme esa lengua (que usted no sabe que la lengua puede llegar a armar una guerra) mantenga esa lengua tranquila; dejemos de ser gente tan mala que no podemos ver a personas que Dios los bendice, a personas que crecen económicamente sin venirlos a tachar de que ellos están creciendo por que hacen algo incorrecto o están en algo ilícito. Sabes eso es no tener fe, porque yo te digo, así como Dios me bendice a mí a si también Dios puede bendecir a mí prójimo aun a mi vecino si a ese que me hace la vida imposible, te voy a traducir lo que Dios te quiere decir no seas envidioso. Deja de andar fijándote en los demás fíjate en ti que por andar metiendo cuentos, chismes y deseándole mal a otro pierdes un tiempo importante de leer la palabra, de estudiar la palabra. Por qué ese tiempo que te tomas de andar hablando de tu vecino, de tu prójimo; no lo tomas para Orar, para meterte en ayuno y oración, para interceder por esa persona ante Dios. Piénsalo sino no tendrás oportunidad de habitar en el Tabernáculo O Morar En Su Santo Monte.

- Aquel a cuyos ojos el vil es menospreciado,
  Pero honra a los que temen a Jehová.
  El que aun jurando en daño suyo, no por eso cambia;

Yo le quiero recordar que el Mismo Jesús nos dejó un trabajo en Mateo 18: 19-20; si usted como yo lee él no nos manda a Juzgar quien es bueno, quien es malo, quien se merece ser salvo o quien no se lo merece, él nos manda a hablarles de la palabra de hablarles de la vida de Jesucristo en pocas palabras hablarles de él.

El atreves de las escrituras nos ha demostrado que para las personas que a él no le importaba la condición de la persona, si era mala, prostituta, no creyente, a él lo que le importaba era hacerte recapacitar que tu tuvieras la oportunidad de arrepentirte; él no me miraba con menosprecio como me miran los fariseos y los escribas. Sabes por qué eso tú te conviertes en un fariseo o un escriba cuando tu estas solo tachando lo malo o lo inferior a ti que es una persona.

Dios quiere personas que estén dispuesto a dar su vida por sus hermanos, que hablen la verdad, que mantengan su integridad, aun si eso le va ocasionar que ellos sean vistos como cómplices o pecadores. O usted en Lucas 19: 1-10 no recuerda la historia de Zaqueo y como esa gente tacho al señor de pecador por Jesús Había Entrado a la casa de un pecador Zaqueo. No se preocupe por lo que va a decir la gente preocúpese de hacer lo que Jesús le encomendó Hablarles de la Palabra a los necesitados a aquellos que la gente considera que no se merecen el perdón, aquellos drogadictos, bebedores, prostitutas que son personas indeseables para muchos, pero para mí y para usted no deben de ser así deben de ser como Jesucristo los vio; personas que necesitan conocerlo a él.

- Quien su dinero no dio a usura,
  Ni contra el inocente admitió cohecho.

sabes el dinero no es lo malo sino lo que tu permites que el dinero haga contigo y con tu corazón, es más recomendable que si tú puedes ayudar a un hermano a una persona lo hagas de corazón sin querer aprovecharte de la condición de aquella persona. No prestes a esa persona tratando de obtener beneficios económicos para ti de ganar intereses y altos intereses, préstale tratando de obtener beneficios espirituales para ti sin ganar intereses, solo tratando que esa persona salga de la mala racha o condición que esté pasando; eso cuando tú te encuentres en Monte de Dios (Monte Santo) , Dios lo va a tomar cuenta para poderte ver escucha y que tú puedas morar ahí, o habitar en su tabernáculo ese lugar sagrado donde solo se pueden acercar los que tienen el corazón de amor hacia su prójimo, hacia su vecino. No actúes por lo que digan las personas de tu prójimo, de tu vecino actúa por lo Dios te diga que debes de hacer. Deja de andar escuchando lo malo de lo que te dicen de las personas, escucha a Dios y él te dirá ese al que no le brindas la mano es mi hijo, ayúdale porque te nace del corazón.

Trata de no andar escuchando lo que no tienes que escuchar, los chismes, los cuechos, no te dejes ensuciar tu corazón.

Hermano te digo lo que creo que Dios me dijo que te dijera, deja de ser una persona sin carácter.

Cumple estas pequeñas respuestas que para mi Dios le dio a David, donde él le hace esas dos grandes preguntas '

¿quién habitará en tu tabernáculo?

¿Quién morará en tu monte santo?

Y Dios se las respondió a rey David, a mi hoy Dios me las respondió, y espero que te haiga respondido a ti.

Dios te bendigas.

Traducido Por: Oscar Obando.

TEMA: LA IGLESIA PERFECTA: IGLESIA GLORIOSA

Muchos de nosotros buscamos la iglesia perfecta; pero nos damos cuenta que Iglesia Perfecta no existe porque lo que andamos buscando creemos que la encontraremos en otro lado y la verdad es que la Iglesia es nuestro propio cuerpo, y al descubrirnos vemos las imperfectos que somos; ahí comienza que nosotros los desilusionemos y tratemos de estar fijándonos en los errores de los demás y tratar de corregirlos. Pero la verdad que los errores que debemos de corregir son los nuestros, los pecados que debemos de dejar de hacer son los que cometemos nosotros mismo.

27 a fin de presentársela a sí mismo, una iglesia gloriosa, que no tuviese mancha ni arruga ni cosa semejante, sino que fuese santa y sin mancha. Efesios 5:27.

Acá el señor nos dice que el mismo vino a enseñarnos como debemos de conducirnos para nos presentarnos sin manchas ni arrugas como un a iglesia gloriosa. Jesucristo mismo nos vino a preparar a enseñar cómo debemos conducirnos, como debemos de servir de ejemplo.

Yo entiendo lo que hoy Dios me quiere enseñar yo debo comportarme de manera que no haiga ni una mancha, ni una arruga que me haga no ser perfecto, por eso debo aprender de lo que Jesucristo nos enseña, nos inculca y que esa palabra la debemos hacer nuestra y repetirla a cada instante cuando vayamos a manchar nuestras vestiduras **"Yo soy hijo de Dios y el me ama"** esas palabras tenemos que hacerlas nuestra para no caer en las faltas, el pecado que nos manchan nuestras vestiduras. **"yo debo de tratar de ser como su hijo de Dios Jesucristo"** yo debo de imitar a Jesucristo porque él fue un hombre que nunca le fallo a su padre; y si nosotros también somos llamados hijo de Dios no debemos fallar.

Los hijos de Dios debemos de saber comportarnos, debemos de andar alejados del pecado, dejar atrás los malos comportamientos, la lujuria, los pecados sexuales, los deseos indebidos, cuidar las palabras que salen de nuestra boca, que de nuestra lengua solo salga bendición de Dios y para Dios.

Los hijos de Dios nos debemos de comportar como verdaderos hijos de Dios; estudiar la palabra para que no nos engañen con palabras bonitas, confusas o ideas que parecieran que fueran para bendecirte; pero la verdad que son solos ideas malas que harán que tu pantalón se arrugue o se manche. Deja de ser un simple seguidor, se un hacedor y como lograras eso estudiando la palabra de Dios días y noche. Los hijos de Dios no debemos de permitir que el enemigo nos enamore con palabras bonitas o ideas confusas. Los Hijos de Dios fuimos enseñados por el mismo hijo de Dios a caminar en rectitud así sea que eso te lleve a la muerte.

Los hijos de Dios siempre estamos dispuesto hacer el bien, debemos de dejar a un lado la borrachera, los malos pensamientos, el hablar mal de nuestro hermano, tratar bien a nuestras esposas a nuestros esposos, los hijos de Dios debemos y tenemos que ser honestos en todo en sentido de la palabra.

Debemos de ser esa **Iglesia Gloriosa** que Dios quiere que seamos, una Iglesia de honor, una iglesia en la que el quiere estar porque ahí reina el Gozo, ahí reina la gloria, no hay maldad, no hay pleitos, no hay nada de qué avergonzarse.

Ya ser una Iglesia Gloriosa nos corresponde a nosotros porque aquel hombre llamado Jesucristo nos dio el ejemplo de ser vestido sin manchas ni arrugas.

TEMA: QUE NADIE TE DIGA QUE NO TIENES FE.

Comienzo diciendo que yo; y Dios lo sabe siempre confió y confiare en él; más allá de los problemas y las circunstancias. De los problemas que esté pasando eso jamás me ha hecho pensar que el camino de Cristo que he tomado no es el indicado; la verdad que creo fervientemente que Jesucristo ha sido mi sostén para yo no Claudicar.

Muchos creen que uno al reconocer que está preocupado, triste es porque ha perdido la fe, pero yo se lo digo al que lea este pequeño mensaje, el que reconoce su debilidad es el que puede levantarse, puede orar al Señor sobre lo que le está pasando. Nosotros sabemos que en la Biblia está escrito "[22] **Y todo lo que pidiereis en oración, creyendo, lo recibiréis." Mateo 21:22**; yo me pregunto cómo voy a pedirle a Dios algo que yo no reconozco, si yo no reconozco mi tristeza como le voy a pedir a Dios que me quite la tristeza, si yo no reconozco que estoy enfermo como le voy a pedir a Dios que me quite la enfermedad. Si yo no reconozco que mis hijos andan mal como le voy a pedir en oración al señor por la salvación de ellos. Sabe Jesucristo reconoció que él tenía hambre, por eso se acercó a la higuera para buscar que comer; usted cree que Jesucristo por reconocer que tenía hambre era falto de Fe.

Usted sabe que antes de creer en Jesucristo, yo tuve que arrepentirme y reconocer a Jesucristo como mi único y suficiente salvador. Así también tengo que reconocer que las tribulaciones, los problemas me afectan, para así poder ir a mi padre y pedirle con toda la fe que tengo que me de salud, que me ayude económicamente, que yo pueda mover esa montaña, esa que representa todas las dificultades que yo tengo; pero antes yo tengo que reconocer que tengo problemas y así con fe decirle al señor yo sé que en el nombre de Jesús mi Dios puedo mover esas montañas de dificultades que tengo.

Yo miento si digo que todo está bien y de verdad no lo está; no quiero ser igual a como lo era antes de conocerte Jesucristo; señor yo quiero cambiar y reconocer lo que me atormenta, lo que me está molestando, lo que me está inquietando, yo sé que tu todo lo sabes de mi "[30] **Pues aun vuestros cabellos están todos contados. Mateo 10:30**; porque me debo preocupar revelar que tengo problemas, si al que me puede ayudar el que me puede sacar de esos problemas ya los sabe y el solo está esperando que yo con FE le diga señor tu que conoces todo de mí y que sabes a hasta cuantos pelos hay en mi cabeza, hoy te pido que me ayudes a superar estas dificultades en ti pongo toda mi fe y toda mi esperanza.

Le voy a contar una historia "un hombre que él decía que nunca tenía problemas, aun cuando todos los demás sabían que estaba mal económicamente, familiarmente, hasta en su congregación tenía problemas; pero él decía yo soy un hombre de FE y si yo digo que tengo problemas es porque me falta la FE y el sacaba un versículo de la biblia y decía "lo que confesaras con tu boca eso sucederá".

Sabe hermano lo que pasa que hay veces nuestro orgullo no los deja reconocer que tenemos problemas, el orgullo te ciega y no tienes claridad mental, no hace ser evangélicos o cristianos Evangélicos religiosos.

Y la religiosidad es algo muy peligroso, que se debe evitar. Hay veces a esas clases de personas se les olvida lo que dijo Jesucristo **"Estas cosas os he hablado para que en mí tengáis paz. En el mundo tendréis aflicción, pero confiad, yo he vencido al mundo." Juan 16:33.**

Jesucristo no hablo que todo iba a estar bien; él nos habló de que vamos a tener dificultades, pero que yo tengo que estar tranquilo y tener paz, pero si tengo que unirme a el de verdad para que esos problemas no me afecten.

Hoy Dios me dijo Oscar reconoce lo que estás pasando para así, al hablar conmigo puedas hablar con franqueza como habla un hijo con un padre donde el hijo no le esconde nada a su padre, donde nada de lo que tu este pasando pueda afectar nuestra relación.

Tu sabes que yo todo lo sé, y más cuando un hijo mío esta atribulado, afligido ahí estoy yo presto a oír su llamado de auxilio.

"ayúdame papa, ayúdame Abba padre, te lo pido en el nombre de Jesús".

Dios quiere oír ese llamado sincero que salga de tu corazón, Dios dice que a los orgullosos ve de largo.

Señor hoy te digo reconozco mis aflicciones, mis dificultades por eso acudo a ti; y sé que tu padre mío me darás esa paz que necesita mi corazón para estar tranquilo.

Gracias señor por estar ahí y que nada de lo que hoy me atormentaba, me ha hecho daño; en tus manos encomiendo mi alma, mi Espíritu. Esto dijo Jesucristo **"Entonces Jesús, clamando a gran voz, dijo: Padre, en tus manos encomiendo mi espíritu. Y habiendo dicho esto, expiró. Lucas 26:30.**

Amen y amen.

Tema: Predicar la Verdad.

Nosotros decimos que vamos a predicar el evangelio de Jesucristo, que vamos a predicar la palabra de Dios, y hasta muchos decimos que imitamos a Jesucristo. Pero usted ve que el evangelio "La palabra **"evangelio"** que viene del griego es "euaggélion", y **significa** literalmente "buen anuncio", "buena noticia". Era utilizada cuando un mensajero traía una buena noticia de otros lugares". 19 **Por tanto, id, y haced discípulos a todas las naciones, bautizándolos en el nombre del Padre, y del Hijo, y del Espíritu Santo; Mateo 29:19.** El **Evangelio** es el relato de vida y enseñanzas de Jesús. También habla del amor **que** Dios muestra a la humanidad mandando a su único Hijo Jesucristo a redimir el mundo. El Evangelio que Cristo dijo a sus discípulos que fueran a predicar, anunciar que tenemos una esperanza en Jesucristo, que él murió por nosotros y la gracia nos había alcanzado a todos.

15 Y les dijo: Id por todo el mundo y predicad el evangelio a toda criatura.
16 El que creyere y fuere bautizado, será salvo; mas el que no creyere, será condenado. Marcos 16:15-16

Pero en esa gracia jamás nos dice que por nosotros arrepentirnos y aceptar a Jesucristo como el único y suficiente salvador, vamos a ser millonarios, que vamos a poseer casas, terrenos vehículos, etc. El objetivo de esa gracia NO es que seamos amantes del dinero, de las cosas de este mundo.

Predicar el evangelio de la gracia y que si creemos en ella tendremos vida eterna. Cuando la biblia habla de la vida eterna, se refiere a un don de Dios que viene únicamente "a través de Cristo Jesús Señor nuestro" **23 Porque la paga del pecado es muerte, más la dádiva de Dios es vida eterna en Cristo Jesús Señor nuestro. (Romanos 6:23).** Este don está en contraste con la "muerte" que es el resultado natural del pecado. Eso quiere decir que si para este mundo ya vamos a dejar de existir; pero en la Vida Eterna vamos a ir a un lugar donde el tiempo ya no va contar como años que van pasando. Ese evangelio es lo que Jesucristo nos manda anunciar es el de creer, ser bautizados en su nombre en el de Jesucristo y vamos a ser salvos solo por medio de creer en él.

La cuestión del tributo

15 Entonces se fueron los fariseos y consultaron cómo
sorprenderle en alguna palabra.
16 Y le enviaron los discípulos de ellos con los herodianos,
diciendo: Maestro, sabemos que eres amante de la verdad, y que enseñas con verdad el camino de Dios, y que no te cuidas de nadie, porque no miras la apariencia de los hombres.
17 Dinos, pues, qué te parece: ¿Es lícito dar tributo a César,
o no?
18 Pero Jesús, conociendo la malicia de ellos, les dijo: ¿Por
qué me tentáis, hipócritas?
19 Mostradme la moneda del tributo. Y ellos le presentaron un
denario.
20 Entonces les dijo: ¿De quién es esta imagen, y la
inscripción?
21 Le dijeron: De César. Y les dijo: Dad, pues, a César lo que
es de César, y a Dios lo que es de Dios.
22 Oyendo esto, se maravillaron, y dejándole, se fueron. Mateo
22:15-22

"Dad, Pues, a Cesar lo que del Cesar y a Dios lo que es de Dios"
Jesucristo te quiso decir en pocas Palabras dar al Cesar lo que corresponde al Cesar.

Dar a Dios lo que corresponde a Dios.

En pocas palabras a dar a cada uno lo que le corresponde.

- **¿Qué es lo que es del Cesar; ¿qué le corresponde que yo le dé al Cesar?**

Al cesar le corresponde levantar Tributos en estos días modernos IVA (Impuestos) que son obligatorios según las leyes terrenales, para poder mantener su ejército y poder mantenerse en el poder el necesitaba obligar a la gente a pagar tributos, así Jesús era judío y como estaban dominados por el Cesar él no tenía problema con cumplir las leyes terrenales de pagar una obligación tributaria. dar al cesar el dinero que eso es lo que le interesa, con eso él los tiene dominados.

- **¿Qué es lo de Dios; que le corresponde que yo le dé a Dios?**

A Dios le corresponde Adoración, La Obediencia, la Fidelidad, el amor, Agradecimiento.

A Dios le agrada que nosotros le demostremos que somos hijos de él, cuando cumplimos sus mandamientos, cuando le adoramos de corazón, cuando demostramos la fidelidad aun a costa de ser señalados. Pero lo que más le gusta es que creamos en su hijo Jesucristo que nos vino a enseñar cómo debemos ganar almas para el reino.

Tama: Estamos Preparados

Hoy en día debemos de prepararnos todos los días y a cada instante de esperar la venida de nuestro señor Jesucristo.

36 Pero del día y la hora nadie sabe, ni aun los ángeles de los cielos, sino sólo mi Padre. Mateo 24:36.

Por qué debemos estar preparados:

1. Por qué nadie sabe la hora.
2. Por qué nadie sabe el día.

Solo quien sabe la hora y el día:

Jehová de los Ejercito, El Gran yo soy nuestro padre celestial. Ni un aun los ángeles de los cielos lo saben solo él lo sabe.

Entonces usted y yo que demos buscar aprender a estar preparados para cuando llegue eses día nosotros estemos listos; pero la gran pregunta es tal vez al estar leyendo esto usted se hará es ¿Cómo debemos prepararnos?

Primero ser o actuar Come personas Prudentes: Mateo 25:1-13

25 Entonces el reino de los cielos será semejante a diez vírgenes que, tomando sus lámparas, salieron a recibir al esposo.

2 Cinco de ellas eran prudentes y cinco insensatas.

3 Las insensatas, tomando sus lámparas, no tomaron consigo aceite;

4 mas las prudentes tomaron aceite en sus vasijas, juntamente con sus lámparas.

5 Y tardándose el esposo, cabecearon todas y se durmieron.

6 Y a la medianoche se oyó un clamor: !!Aquí viene el esposo; ¡salid a recibirle!

7 Entonces todas aquellas vírgenes se levantaron, y arreglaron sus lámparas.

8 Y las insensatas dijeron a las prudentes: Dadnos de vuestro aceite; porque nuestras lámparas se apagan.

9 Mas las prudentes respondieron diciendo: Para que no nos falte a nosotras y a vosotras, id más bien a los que venden, y comprad para vosotras mismas.

10 Pero mientras ellas iban a comprar, vino el esposo; y las que estaban preparadas entraron con él a las bodas; y se cerró la puerta.

11 Después vinieron también las otras vírgenes, diciendo: !!Señor, señor, ¡ábrenos!

12 Mas él, respondiendo, dijo: De cierto os digo, que no os conozco.

13 Velad, pues, porque no sabéis el día ni la hora en que el Hijo del Hombre ha de venir.

Acá usted y yo debemos ser como las cinco vírgenes prudentes estar preparados con el suficiente Aceite y llevar de sobra para que no le falte; el Aceite representa el Espíritu Santo Otro significado bíblico de aceite es el que se define como bendición de Dios, el Espíritu Santo o Gloria en las Alturas.

Como debemos esperar al señor como personas sensatas que están siempre bendecidos por Dios, por el Espíritu Santo, cuando el señor le habla en la palabra de caminar la milla extra en Mateo

5:41 "38 Oísteis que fue dicho: Ojo por ojo, y diente por diente.

39 Pero yo os digo: No resistáis al que es malo; antes, a cualquiera que te hiera en la mejilla derecha, vuélvele también la otra;

40 y al que quiera ponerte a pleito y quitarte la túnica, déjale también la capa;

41 y a cualquiera que te obligue a llevar carga por una milla, ve con él dos.

42 Al que te pida, dale; y al que quiera tomar de ti prestado, no se lo rehúses.

43 Oísteis que fue dicho: Amarás a tu prójimo, y aborrecerás a tu enemigo.

44 Pero yo os digo: Amad a vuestros enemigos, bendecid a los que os maldicen, haced bien a los que os aborrecen, y orad por los que os ultrajan y os persiguen;

45 **para que seáis hijos de vuestro Padre que está en los cielos, que hace salir su sol sobre malos y buenos, y que hace llover sobre justos e injustos.**

El que es prudente perdona a cualquiera que le haga daño, ayuda a cualquiera que se lo pida sin esperar nada a cambio, ama su prójimo y ama a su enemigo, en verdad que está lleno del Espíritu Santo deja Atrás la venganza y solo tiene en su corazón perdón para cualquiera que le haga daño, **el Sensato deja atrás la venganza.**

Otra forma de ser sensatos es amar a tus enemigos, bendecirlos y siempre desearles el bien cómo crees que tú le desearía lo mejor cuando le pides a DIOS que ellos se den la oportunidad de conocer las maravillas de Jesucristo, que se arrepientan y acepten en su corazón a Jesucristo como su único y suficiente salvador.

Es la forma perfecta que hay para buscar ser perfectos como nuestro Padre Celestial que está en los cielos.

Si usted es prudente está lleno del Espíritu Santo y lleno de la gloria de Dios; siempre estará dispuesto hacer el bien, siempre está ahí para quien lo necesite, siempre estará dispuesto a perdonar su vasija de aceite jamás se vaciará porque usted mismo, su vida misma camina al son, a la música que el espíritu santo lo guía, él es su voz y usted estará ahí atento y cuando suene la trompeta será el primero que la oirá por que el al estar lleno del Espíritu de Dios usted y yo no nos quedaremos dormidos estaremos atentos.

Segundo que tu lámpara siempre este encendida.

Las Lámparas. Las **lámparas** de aceite que utilizaban los judíos en los tiempos de Jesús se denominan **lámparas** herodianas, en nombre del rey Herodes. Estas **lámparas** permitían que las personas llevaran luz por doquiera que fuesen.

Les contare una historia que a mí me paso.

Una vez estaba enfermo acostado ya de noche, de repente me agarra un ataque de asma y al despertar asustado yo solo mire al principio una gran oscuridad y no hallaba la salida del cuarto para el baño, en ese pequeño instante yo quede perdido, pero de repente veo una lucecita así pequeña del televisor encendida y ese fue un gran respiro para mí; porque esa lucecita me sirvió para dirigirme, esa pequeña luz me guio a la salida perfecta, al lugar donde yo debía ir para auxiliarme.

Sabe cuándo estaba aquella oscuridad de verdad estaba perdido, pero esa pequeña luz me guio; le conté a mi esposa y le dije así es la luz de Jesús, aunque ese día estaba pequeña me guio, tan solo usted necesita un poquito de esa luz en su corazón para sentirse vivo, para sentir que tiene un Dios perfecto, para sentir que la oscuridad ya no lo puede atrapar.

Así que hermano te insto a tener encendida tu lámpara, "105 Lámpara es a mis pies tu palabra,
Y lumbrera a mi camino. Salmo 119:105

Si tu lees la palabra de Dios y ella será la que te alumbre tu camino, si tu no lees la Palabra de Dios como vas a darte cuenta que debes perdonar, como te vas a dar cuenta que debes amar a tu enemigo, que no debes de ser vengativo.

Estudia lee La palabra de Dios (La BILIA), esa es nuestra luz que nos alumbra de día y de noche y que hará que tu lámpara no se apague, y también hará que la gloria de Dios y el Espíritu Santo siempre estén sobre ti.

Entendí como debo prepararme para esperar la venida de nuestro señor Jesucristo:

Debo de ser Prudente y siempre estar lleno del Espíritu santo, de la Gloria de Dios y Segundo siempre estudiar, leer La palabra de Dios.

Amen y Amen

Tema: La Verdadera Doctrina de Cristo.

Todos hemos visto que cada Iglesia, cada Congregación tiene su propia doctrina y ha dejado de un lado la doctrina que Jesucristo nos dejó y en 1 Timoteo capitulo uno, Pablo nos enseña lo que le cree y yo creo que la doctrina de Jesucristo. La cual se basa en el Evangelio de la salvación, que te libera do todo lo malo que tu oigas hecho, que te hace nueva criatura en Cristo Jesús. Te libera del pecado.

La doctrina de Cristo es la Sana Doctrina: un mensaje de fe y esperanza.

Si alguno enseña una doctrina diferente y no se conforma a las sanas palabras, las de nuestro Señor Jesucristo, y a la doctrina {que es} conforme a la piedad,1 Timoteo 6:3.

Se debe de predicar el mensaje de la misericordia, de perdón y sobre todo de Amor. Ese es el mensaje de nuestro señor Jesucristo; Jesucristo no dio un mensaje de que usted cuando se convirtiera en su Seguidor (un cristiano) usted o yo ibas a ser millonarios, que nunca ibas a tener dificultades.

O que era más importante aprenderse la genealogía o ponerse a contar de la manera más fabulosa lo que se hace como congregación, que solo en la nuestra se mueve el Espíritu Santo, que solo en la nuestra se sana enfermos; cristo desea que en nuestra congregación se mueva el amor al prójimo, que nos amemos unos a los otros, que nos perdonemos unos a otros, que nos aguantemos unos a otros. Jesucristo mismo sabía que entre sus doce apóstoles había diferencias, pero Cristo los soportaba.

3 Como te rogué que te quedases en Éfeso, cuando fui a Macedonia, para que mandases a algunos que no enseñen diferente doctrina,

4 ni presten atención a fábulas y genealogías interminables, que acarrean disputas más bien que edificación de Dios que es por fe, así te encargo ahora.

5 Pues el propósito de este mandamiento es el amor nacido de corazón limpio, y de buena conciencia, y de fe no fingida,

6 de las cuales cosas desviándose algunos, se apartaron a vana palabrería,

7 queriendo ser doctores de la ley, sin entender ni lo que hablan ni lo que afirman.

8 Pero sabemos que la ley es buena, si uno la usa legítimamente;

9 conociendo esto, que la ley no fue dada para el justo, sino para los transgresores y desobedientes, para los impíos y pecadores, para los irreverentes y profanos, para los parricidas y matricidas, para los homicidas,

10 para los fornicarios, para los sodomitas, para los secuestradores, para los mentirosos y perjuros, y para cuanto se oponga a la sana doctrina,

11 según el glorioso evangelio del Dios bendito, que a mí me ha sido encomendado. 1 Timoteo 1:3-11.

La sana Doctrina viene de un amor que brota de un corazón limpio, de una buena conciencia y de una fe sincera. Con las palabrerías de inventar cosas nos hemos desviado del verdadero mensaje, de la verdadera Doctrina, hermanos que manipulan la palabra a su conveniencia, o manipulan cuando les conviene La Ley de Dios sus mandamientos. Acaso no se acuerdan que Jesucristo los resumió en dos grandes mandamientos:

1. **Amaras al señor tu Dios con todo el corazón, con toda el alma y con todo tu cuerpo.**
2. **Amaras a tu prójimo como a ti mismo. Mateo 22:36-40**

Poner a Dios en primer lugar en todo lo que salga de tu corazón, amarlo sin fingimiento; y segundo mandamiento es amar a tu prójimo como a ti mismo. Como tú vas quererte hacer daño tú mismo, como tú no te vas a querer tú mismo. Jesucristo les dice aquellos que viven recordando la ley primero es Dios, Después tu Prójimo; ahí se encierra todo lo se debe saber sobre la ley de Dios.

Además, la ley se hizo para las personas que de continuo les gusta hacer el mal, son aquellos que quieren confundir la verdadera doctrina de Cristo que es el perdón, el amor, la salvación y arrepentimiento.

Tema: ¿qué Escojo? El Bien o el Mal.

Dice la biblia que Dios puso en el Huerto a Adán, y le dio sola una pequeña indicación, del árbol de bien y el mal.

Génesis 2:15-17

15 Tomó, pues, Jehová Dios al hombre, y lo puso en el huerto de Edén, para que lo labrara y lo guardase.

16 Y mandó Jehová Dios al hombre, diciendo: De todo árbol del huerto podrás comer;

17 más del árbol de la ciencia del bien y del mal no comerás; porque el día que de él comieres, ciertamente morirás.

Dios no le impuso nada al hombre solo le advirtió, que no comiera de eses árbol

Porque si comía de eses árbol él iba a morir. Ya en el capítulo tres de Génesis, hace a la mujer de una costilla de Adán por Dios miro que para el hombre no era bueno estar solo.

La serpiente astuta se le acerco a la mujer y la mujer cae en la trampa de la serpiente y come del árbol del bien y el mal.

Usted yo cualquiera podemos echarle la culpa a Eva; pero si sigue por ese camino jamás cambiaremos y no seremos nuevas criaturas. Todos somos advertidos por Dios, en estos tiempos, Adán y Eva en su tiempo tuvieron que escoger entre en bien y el mal, pues ellos escogieron comer de ese árbol y ellos tuvieron su consecuencia; ya su vida no iba a ser eterna.

Ahora yo estoy igual con Dios él me dice acá está el Bien y el Mal, escoge Oscar por cual te decides tú, el mal que te lleva a la muerte, o el bien que te lleva a la vida Eterna.

Yo te voy a dar ejemplo de hombres y mujeres que en la Biblia ellos estuvieron frente a escoger el bien o hacer el mal, o escoger lo correcto o hacer lo incorrecto.

En 2 Samuel capítulo 11, El rey David Hombre con el corazón conforme a Jehová, dice la Biblia que le Rey se paseaba por la azotea y de repente mira una mujer hermosa bañándose y que manda a averiguar quién era. **versículo 3 por lo que David mandó que averiguaran quién era, y le informaron: «Se trata de**

Betsabé, que es hija de Elián y esposa de Urías el hitita». Que bien el rey David se informó y en el informe que le dan le dicen que es una mujer casada.

David con el informe que le llego él tenía Dos opciones: Hacer el Bien o en otras palabras Hacer lo correcto o hacer lo incorrecto. Lo correcto la mujer que mire es hermosa y la quisiera tener, pero está comprometida, es Casada, ya tiene dueño. Pero el Rey David no hizo eso el escogió lo Incorrecto mando a buscar a la Mujer y se acostó con ella.

El rey David tuvo las dos opciones, el escogió la incorrecta y tuvo consecuencias, la muerte de su hijo.

Hermano si usted está en esa situación, que ve a una mujer hermosa y que usted sabe que esa mujer está comprometida, y que esa mujer usted está seguro que si usted le habla o la manda a llamar esa mujer está dispuesta hacer lo que usted le pida, hasta ir a la cama con usted. Ahí está en uno de hacer el bien o el mal; ahí tiene la opción de la vida eterna o la muerte. Haga lo correcto actué como un hombre de respeto y que se da a respetar.

En Josué Capitulo dos: encontramos la historia de una prostituta llamada Rahab; Josué mando a dos hombres a explorar la tierra en especial la Ciudad de Jericó, y cuando llegaron a esta ciudad se encontraron en la casa de una prostituta llamada Rahab, el rey de esa ciudad se dio cuanta de que estos dos hombres, estos dos espías estaban escondido en la casa de esta mujer, y le manda a decir a esta mujer entrégame a los dos espías que tienes escondido; y no los entrego ella más bien le busco un escondite mejor.

4 Pero como ella los había escondido, respondió:

—Sí, es verdad. Vinieron unos hombres, pero yo no supe de dónde eran. 5 Salieron al anochecer, antes de que cerraran el portón de la ciudad, y no sé a dónde iban. Si ustedes salen ahora mismo a perseguirlos, seguro que podrán alcanzarlos. Josué 2:4-5

Esta mujer tenía dos opciones entregar a los espías o esconder a los espías; ella podía hacer lo bueno o hacer lo malo, hacer lo correcto o hacer lo incorrecto.

Si ella entregaba a estos espías; que obtendría el favor de rey de Jericó, o no obtendría nada.

Si no los entregaba tendría el favor de unos hombres que venían a tomar la ciudad y ella aprovecharía para salvar su vida y la de su familia.

Esta mujer tomo la segunda opción, sabe por qué ella ya había oído de que estas dos espías pertenecían a un pueblo que eran protegidos por un Dios poderoso y que les venía entregando la cabeza de los reyes por donde ellos venían pasando. Esta mujer había oído de las maravillas que su Dios hacía por ellos.

Esta mujer se fue a lo seguro a salvar su vida y la de su familia. Usted si quiere puede seguir leyendo esa Historia en Josué capítulo 3.

Pero yo hoy quiero que entienda que siempre Dios te da dos Opciones escoger hacer el bien, o escoger hacer el mal. Está en mi escoger cual camino escoger, si el camino de la vida o el camino de la muerte.

Con estos dos ejemplos usted ve que no importa que tú seas Rey Estudiado o que ya lo tengas todo, que no tengas necesidad de nada, y que sea un hombre que tengas el corazón conforme a Dios, tu estas propenso siempre a verte a escoger entre lo bueno y lo malo. No importa si SOS una persona que no seas bien vista por la sociedad, una prostituta que la gente piensa que andan solo en lo malo, pero ella escogió hacer lo bueno, lo correcto lo indicado por su vida y la de su familia.

Vemos a un hombre ungido por Dios que lo hizo Rey, le dio poder, le dio riquezas, le entrego reinos ciudades en sus manos, sus enemigos no le podían hacer daño porque Dios lo protegía. Y aun así frente al estar entre hacer lo correcto o lo incorrecto el escogió hacer lo malo.

Y una mujer que estaba en el mundo en la vida alegre, una prostituta dice la palabra, solo oyo las cosas Grandes que Dios había hecho por su pueblo desde que lo saco de Egipto, y ella frente al estar en hacer lo correcto o lo incorrecto; escogió hacer lo bueno, lo correcto.

Yo sé que hay muchos más ejemplos que encontramos en La Palabra de Dios, pero hoy el Espíritu santo me dios estos dos ejemplos para mí, y para que se los diera a ustedes.

Yo tengo en mis manos escoger el bien o escoger el mal. Yo escojo en el nombre y con la ayuda de Cristo Jesús hacer lo bueno, lo correcto. Estudiar, leer la palabra de Dios que la que alumbra mi camino; y su tu escoges ese mismo camino también alumbrara el tuyo.

Amen y Amen.

Tema: De Lo Que Hoy Me Di Cuenta.

Una Dios le da uno palabra y la predica y no se da cuenta que puede ser una profecía para uno mismo que Dios te da.

Yo a mis hijos le prohibía muchas cosas que hicieran y estaba al cuidado de lo hicieran como yo les decía, y trataba de evitar que la moda los alcanzara como: pintarse el pelo, ponerse chapa, agarrar vicios y muchas cosas más.

Hoy me doy cuenta de que la palabra que Dios me daba es para uno mismo, y suelta la palabra y también es para aquellos que la escuchan.

Yo un día predique sobre lo que Dios creo que me dijo que yo dijera, sobre Job este hombre perfecto ante los ojos de Dios, que tenía 7 hijos y tres hijas y dice la palabra de Dios que "[4] **E iban sus hijos y hacían banquetes en sus casas, cada uno en su día; y enviaban a llamar a sus tres hermanas para que comiesen y bebiesen con ellos.** [5] **Y acontecía que habiendo pasado en turno los días del convite, Job enviaba y los santificaba, y se levantaba de mañana y ofrecía holocaustos conforme al número de todos ellos. Porque decía Job: Quizá habrán pecado mis hijos, y habrán blasfemado contra Dios en sus corazones. De esta manera hacía todos los días. Job 1: 4-5.**

Los hijos de Job hacían grandes fiestas dice la biblia, que el ofrecía Sacrifico a Dios por cada uno de sus hijos por si ellos habían pecado. Y pues como a todos los padres les pasa nuestros hijos cresen y ya ellos se vuelven adultos, o son jóvenes que tratan de volar, y usted trata de controlarlos y no puede.

Sabe a algunos se nos olvida que nosotros estuvimos algún día en el bando de nuestros hijos; es decir un día fui yo el hijo que no le hacía caso a su papa, porque ya me sentía que yo podía tomar mis propias decisiones, ya empecé a tomar, fumar, hacer cosas que yo sabía que eran malas antes los ojos de mi padre.

Pero sabe mi padre me dejo con un dicho "ahí que te machuque la Carreta" el sin saberlo me dejo en las manos de Dios; si mi padre hubiera leído el libro de Job el talvez hubiera orado a Dios cada día por mí porque Dios me perdonara por si yo había hecho algo que no era correcto antes los ojos de Dios.

Pues hoy me llego el día mis hijos ya crecieron y ellos se creen listo para tomar sus propias decisiones; y yo que un día predique que los hijos llegan a cierta edad y al hay que soltarlos porque ya es difícil que te hagan caso, habrá padres que traten de intimidarlos con acá no tienes comida, mantente solo, busca ir a trabajar, acá es mi casa y se hace lo que acá digo yo; otros padres lo hacen con decirle a los hijos cuanto le han costado, como han dado la vida ellos.

Pero te cuento te digo la verdad llego la hora de que mis hijos dejan a su padre y a su madre, a mí solo me queda orar y orar por ellos; que Dios les perdone si han blasfemado en contra de él. A nosotros los padres solo nos queda agarrar el ejemplo de Job poner en las manos de Dios la vida de nuestros hijos.

Porque ellos ya crecieron, ellos a como una vez me sucedió a mí se creen ya estar actos para tomar sus propias decisiones.

Desde Adán y Eva acuérdese cuando en el Edén Eva probo la fruta del mal y el bien y se la dio a probar al hombre, desde ahí tenemos un padre que ha tenido siempre misericordia de nosotros. Adán y Eva no siguieron el consejo de su padre el que les había dado la vida; No coman de ese árbol, y ellos lo hicieron, claro que ellos perdieron algunos privilegios, pero jamás perdieron el Amor de Dios.

Sabe que más sigue diciendo la Biblia que Dios los vistió, la biblia no dice que ellos ya no era hijos de Dios, que les quito todos los privilegios que les había dado, él nos le dijo ya los animales no les van hacer caso, ustedes ya no van a comer peces ahí miren como se alimentan.

Adán y Eva sabían que su padre Dios siempre estaba con ellos y que los cuidaba Dice la Biblia en Génesis 4: 1 que Adán y Eva tuvieron relaciones sexuales y que tuvieron un hijo, y que lo llamaron Caín por que ellos dijeron por voluntad de Dios hemos concebido, hemos tenido un hijo.

Aunque sus hijos se vayan largo, aunque usted este enojado(a) con ellos; ellos siempre sabrán como Adán y Eva que contaran con su bendición.

Así que padres oremos y siempre bendigamos a nuestros hijos.

Amen.

Tema: Como tu cuida las ovejas.

Como cuidamos a las ovejas que nuestro señor, nuestro padre nos dio para que la cuidáramos, estamos dispuestos a dar la vida por una de ellas, nos transaríamos en una lucha sin cuartel con el mas fiara de las alimañas o animales que les quisieran hacer daño.

Primera de Samuel Cap. 1 versículo 34.

1Sa 17:34 David le contestó: —Yo soy pastor de las ovejas de mi padre. Pero si un león o un oso vienen a llevarse alguna oveja,
1Sa 17:35 yo los persigo, los hiero y les quito del hocico la oveja.
1Sa 17:36 Y si el león o el oso se me echan encima, yo los golpeo y los mato.

Dice David yo soy el pastor de las ovejas de mi padre, y nadie les va hacer daño, yo quiero que preste atención acá, no es porque la oveja sea buena o mala que él, la va cuidar, el, la cuida porque su padre así se lo dijo.

Y si vienen un oso o un león a tratarse de llevar una oveja él lo persigue y se los quita, no importa si ya el león o el oso lo tienen en el hocico y ya lo tienen cerca de devorar; a cuantos hermanos vemos que el enemigo lo está enamorando y nosotros no hacemos nada por quitárselo, a cuantos hermanos vemos que de nuevo vuelven caer en el vicio y nosotros no hacemos nada, a cuantas ovejas de la que el señor le dio usted lucha y se las quita de hocico antes de que el enemigo la devore, antes de que las drogas lo atrapen, antes de que la fornicación selo coma.

Nosotros tenemos un gran pegón ahí porque nosotros juzgamos a cuan oveja es la que vamos a darle prioridad, o por cual estamos dispuesto a luchar por ella, nosotros debemos de saber que las ovejas que nuestro padre nos dio a cuidar las debemos defender, las debemos cuidar no importa cual oveja sea, si es oveja que mucho molesta, si es la oveja que no me hace caso, si es la oveja malcriada, necia; David daba la vida por cualquier oveja así debemos actuar nosotros dar la vida por cualquiera de nuestra ovejas aunque el enemigo ya la tenga en el hocico, aunque ya esté cerca de devorarla debemos luchar con todas nuestras fuerzas para quitársela al enemigo, al devorador.

Cristo dio su vida por mí, por una oveja malcriada, orgullosa, mal hablada, arrogante…etc… Jesucristo no se fijó en que si yo lo merecía o no, el solo dio su vida por salvar a esta oveja, ya el enemigo el devorador estaba listo para comerme ya estaba casi muerto y la única oportunidad que yo tenía era que Cristo diera la vida por mí, y el dio la vida por mí y ahora yo estoy acá, solo estoy vivo por que Cristo lucho por mí no le importo si le decían que yo no lo merecida el solo cumplió lo que su padre le encomendó, cuidar las ovejas que él le dio a cuidar.

Printed by Books on Demand GmbH, Norderstedt / Germany